Cyflwyniad: Beth yw gweddi?

Gweddi yw treulio amser gyda Duw.

Pan fyddwch yn treulio amser gyda ffrind, byddwch yn aml yn siarad. Byddwch hefyd yn gwrando. Weithiau, dim ond eistedd yn dawel gyda'ch gilydd a wnewch.

Mae Cristnogion yn credu bod gweddïo ar Dduw yn debyg i hynny… mae'n debyg i fod gyda ffrind arbennig. Bydd y llyfr hwn yn dweud mwy wrthych am yr hyn mae Cristnogion yn ei gredu am weddi.

1 Ar bwy mae pobl yn gweddïo?

Pan fo Cristnogion yn gweddïo, byddant yn gweddïo ar eu Duw.

Weithiau, byddant yn dechrau fel petaent yn siarad â rhywun pwysig: 'O Dduw'.

Weithiau byddant yn dechrau'r weddi fel petaent yn ysgrifennu llythyr: 'O Dad annwyl'.

ⓑ Cyhoeddiadau'r Gair 2002

Testun gwreiddiol: Lois Rock
Darluniau gan Maureen Galvani
Addasiad Cymraeg gan Delyth Wyn
Dymuna'r cyhoeddwyr gydnabod cymorth
Adran Olygyddol Cyngor Llyfrau Cymru
Golygydd Cyffredinol: Aled Davies
Cyhoeddwyd yn wreiddiol gan Lion Publishing plc

ISBN 1 85994 457 4
Argraffwyd yn Singapore

Cyhoeddwyd gan:
Cyhoeddiadau'r Gair, Cyngor Ysgolion Sul Cymru,
Ysgol Addysg, PCB, Safle'r Normal,
Bangor, Gwynedd, LL57 2PX.

Cydnabyddiaeth
Daw Gweddi'r Arglwydd ar dudalen 3 o Mathew 6: 9–13.
Daw'r testun ar dudalen 9 o Numeri 6: 24. (Beibl Cymraeg Newydd)

Lois Rock

Darluniau gan Maureen Galvani

Addasiad Cymraeg gan Delyth Wyn

CYHOEDDIADAU'R
GAIR

Weithiau, byddant yn defnyddio teitl – geiriau sydd yn dweud rhywbeth ynglŷn â phwy yw Duw: 'O Arglwydd' neu 'Dad Nefol'. Mae yna lawer mwy o deitlau.

Weithiau, byddant yn dechrau gyda'r hyn maent yn wirioneddol eisiau ei ddweud, gan gredu bod Duw yn eu clywed.

 **Mae Cristnogion yn siarad â Duw mewn gweddi gyda pharch a hyder.**

2 A oes rhaid i bobl ddweud eu gweddïau'n uchel er mwyn i Dduw eu clywed?

Mae Cristnogion yn credu na ellir gweld Duw, ond ei fod ym mhobman a'i fod yn gwybod popeth.

Maent yn credu bod Duw yn medru clywed gweddi hyd yn oed pan maen nhw'n ei dweud yn ddistaw yn eu meddwl.

Weithiau maent yn dweud eu gweddïau allan yn uchel, hyd yn oed pan maent ar eu pennau eu hunain.

Pan fyddant yn cyfarfod â Christnogion eraill, byddant yn aml yn dweud eu gweddïau'n uchel fel y gall pawb glywed a bod yn rhan o'r weddi.

Mae Cristnogion yn credu bod Duw yn clywed pob math o weddi, boed yn uchel neu'n dawel.

3 A oes rhaid i weddi fod â geiriau arbennig?

Mae Cristnogion yn credu bod Duw yn deall gweddïau pawb - nid yw o bwys pa eiriau y byddant yn eu dewis.

Rhoddodd Iesu, yr un mae Cristnogion yn ei ddilyn, weddi fer a syml i'w ddilynwyr ei defnyddio:

'Ein Tad yn y nefoedd,

sancteiddier dy enw;

deled dy deyrnas;

gwneler dy ewyllys,

ar y ddaear fel yn y nef.

Dyro inni heddiw ein bara beunyddiol;

a maddau inni ein troseddau,

fel yr ŷm ni wedi maddau i'r rhai a droseddodd yn ein herbyn;

a phaid â'n dwyn i brawf,

ond gwared ni rhag yr Un drwg.'

Mae Cristnogion yn gweddïo ar Dduw gan ddefnyddio geiriau syml, fel y rhai a ddysgodd Iesu iddynt.

4 Oes rhaid i bobl ddysgu gweddïau neu a allan nhw wneud rhai newydd?

Mae Cristnogion yn credu mai rhywbeth a ddywed pobl o'r galon wrth Dduw yw gweddi.

Mae gweddïau gan y bobl eu hunain yn bwysig iawn i Dduw, hyd yn oed os nad yw'r geiriau'n rhai arbennig iawn.

Mae Cristnogion hefyd yn defnyddio gweddïau y byddant yn eu dysgu mewn ffyrdd eraill: gweddïau o'r Beibl a gweddïau a ysgrifennwyd gan Gristnogion eraill.

Weithiau byddant yn gofyn i Gristnogion eraill weddïo drostynt.

 Beth bynnag yw'r geiriau, mae Cristnogion yn credu bod gwir weddi yn dod o'r galon.

5 Oes yna air hud sydd yn gwneud y weddi'n un go iawn?

Mae llawer o Gristnogion yn gorffen eu gweddi gyda'r gair 'Amen'.

Ystyr 'Amen' yw 'bydded felly'.

Nid gair hud yw e, ac nid oes rhaid ei ddweud o gwbl, ond ym mhobman yn y byd mae'n ffordd draddodiadol o orffen gweddi.

Pan fydd Cristnogion yn gweddïo gyda'i gilydd, gall un person ddweud y gweddïau'n uchel a phawb wedyn yn ymuno yn yr 'Amen' i ddangos eu bod yn rhan o'r weddi.

Mae Cristnogion yn credu bod gweddi yn beth go iawn am fod Duw yn gwrando.

6 A oes rhai pobl yn gweddïo ar Iesu?

Mae Cristnogion yn credu mai Iesu yw Mab Duw.

Maent yn credu bod Iesu hefyd yn clywed eu gweddïau, a byddant yn aml yn gweddïo ar Iesu. Weithiau, mae hi'n haws gweddïo ar Iesu sydd yn Dduw am fod Iesu ei hun wedi bod yn fod dynol fel pawb arall. Mae'n hawdd dychmygu sut un yw Iesu ac i ddychmygu siarad ag ef.

Gall eu gweddïau ddechrau gyda geiriau fel: 'Annwyl Iesu', 'Arglwydd Iesu' neu 'O Grist'. Ystyr yr enw 'Crist' yw 'brenin etholedig Duw'.

Weithiau, byddant yn gweddïo ar Dduw ond gan orffen gyda'r geiriau 'yn enw Iesu'.

Mae Cristnogion yn credu bod Iesu yn clywed eu gweddïau.

7 A oes rhaid i bobl eistedd mewn ffordd arbennig i weddïo?

Mae yna nifer o wahanol draddodiadau yn perthyn i weddïo.

Mae rhai Cristnogion yn penlinio i weddïo.

Mae rhai yn sefyll.

Mae rhai yn codi eu dwylo i fyny.

Mae rhai yn rhoi eu dwylo ynghyd.

Mae rhai yn edrych i fyny, eraill yn edrych i lawr, ac eraill wedyn yn cau eu llygaid.

Beth bynnag yw'r traddodiad mae pobl yn ei ddilyn, maent yn credu bod Duw yn eu clywed bob amser, pryd bynnag byddant yn gweddïo.

 **Mae Cristnogion yn credu bod Duw yn clywed eu gweddïau beth bynnag maent yn ei wneud.**

8 A oes rhaid i bobl fynd i fan arbennig i weddïo?

Mae Cristnogion yn hoffi cyfarfod â'i gilydd i ddysgu am Dduw ac i addoli Duw. Eglwys yw'r enw ar gasgliad o Gristnogion yn cydgyfarfod.

Byddant yn gweddïo ble bynnag byddant yn cyfarfod: weithiau mewn ystafell mewn tŷ, weithiau mewn adeilad eglwys.

Dywedodd Iesu wrth ei ddisgyblion am wneud eu hamser gweddi eu hunain yn rhywbeth tawel a phreifat. Dywedodd y gallent fynd i ystafell a chau'r drws.

Byddai Iesu ei hun yn mynd am dro yn y wlad i weddïo ar ei ben ei hun.

Mae Cristnogion yn meddwl bod gweddïo yn rhywbeth na ddylai neb ei wneud er mwyn ei ddangos ei hun – rhywbeth rhwng pobl a Duw yw gweddi.

 **Mae Cristnogion yn credu y gallant weddïo mewn unrhyw fan lle gallant siarad â Duw.**

9 A oes yna amser arbennig i weddïo?

Mae Cristnogion yn credu bod Duw yn gofalu am y byd ddydd a nos. Maent yn credu y gallant weddïo ar Dduw unrhyw bryd.

Weithiau, byddant yn neilltuo amser arbennig i weddïo, naill ai ar eu pennau eu hunain neu gyda'i gilydd.

Mae rhai yn dweud gweddi ar ddechrau dydd…

cyn bwyta pryd…

cyn dechrau taith…

ac yn y blaen.

Un traddodiad yw dweud gweddi neu bader yn gofyn am fendith Duw cyn mynd i gysgu.

Dyma fendith o'r Beibl, sy'n cael ei defnyddio fel gweddi:

'Bydded i'r Arglwydd dy fendithio a'th gadw.'

Mae Cristnogion yn credu bod Duw yn clywed eu gweddïau ar unrhyw adeg o'r dydd a'r nos.

10 Os byddwch yn gofyn am bethau, a fyddwch yn eu cael?

Mae Cristnogion yn credu bod Duw am i bobl fwynhau bywyd a'r holl bethau da sydd yn bod.

Maent hefyd yn credu mai'r hyn sydd yn gwneud pobl yn wirioneddol hapus yw bod yn ffrindiau gyda Duw.

Wrth iddynt weddïo, gall Dduw eu helpu i weld pa bethau sy'n bwysig er mwyn bod yn hapus, a pha bethau nad ydynt yn bwysig.

Mae Cristnogion yn credu bod Duw am roi'r pethau gorau i bobl.

11 Os byddwch yn gweddïo am rywbeth drwg, a fydd hynny'n digwydd?

Mae Cristnogion yn credu bod Duw yn dda i gyd, ac na fuasai Duw yn gwneud i unrhyw beth drwg ddigwydd.

Weithiau, mae'r bobl sy'n gweddïo ar Dduw yn ddig iawn ac maent yn gofyn am bethau drwg.

Mae Cristnogion yn credu bod Duw yn gwrando arnynt gyda charedigrwydd. Maent hefyd yn credu y bydd Duw yn helpu'r bobl hyn i ddod o hyd i ffordd dda allan o'u dicter, a ffordd dda o delio â'r broblem.

 Mae Cristnogion yn credu mai pethau da yn unig a ddaw trwy weddi, am mai da yw Duw.

12 Os yw Duw yn gwybod popeth, pam bod rhaid gweddïo o gwbl?

Mae Cristnogion yn credu bod Duw yn gwybod yn barod yr hyn mae pobl yn ei feddwl ac yn ei gredu, a beth sydd arnynt ei angen a'i eisiau.

Maent hefyd yn credu bod pobl wedi eu creu i fod yn ffrindiau gyda Duw. Mae treulio amser mewn gweddi yn help i adeiladu'r gyfeillgarwch.

Wrth iddynt weddïo, maent yn dechrau gweld pethau fel mae Duw yn eu gweld.

Gall hynny newid popeth!

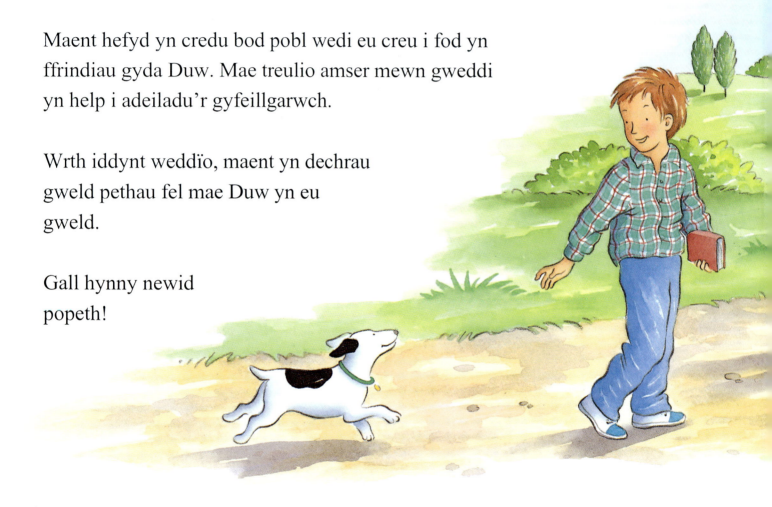

Maent wedi dechrau bod yn ffrindiau gyda Duw ac yn credu y bydd hyn yn para am byth.

 Mae Cristnogion yn credu bod gweddi yn eu helpu i fod yn ffrindiau gyda Duw am byth.

Beth yw gweddi?

1. Mae Cristnogion yn siarad â Duw mewn gweddi gyda pharch a hyder.

2. Mae Cristnogion yn credu bod Duw yn clywed pob math o weddi, boed yn uchel neu'n dawel.

3. Mae Cristnogion yn gweddïo ar Dduw gyda geiriau syml, fel y rhai a ddysgodd Iesu iddynt.

4. Beth bynnag yw'r geiriau, mae Cristnogion yn credu bod gwir weddi yn dod o'r galon.

5. Mae Cristnogion yn credu bod gweddi yn beth go iawn am fod Duw yn gwrando.

6. Mae Cristnogion yn credu bod Iesu yn clywed eu gweddïau.

7. Mae Cristnogion yn credu bod Duw yn clywed eu gweddïau beth bynnag maent yn ei wneud.

8. Mae Cristnogion yn credu y gallant weddïo mewn unrhyw fan lle gallant siarad â Duw.

9. Mae Cristnogion yn credu bod Duw yn clywed eu gweddïau ar unrhyw adeg o'r dydd a'r nos.

10. Mae Cristnogion yn credu bod Duw am roi'r pethau gorau i bobl.

11. Mae Cristnogion yn credu mai pethau da yn unig a ddaw trwy weddi, am mai da yw Duw.

12. Mae Cristnogion yn credu bod gweddi yn eu helpu i fod yn ffrindiau gyda Duw am byth.